AF383685

PRÉFACE

ET

TABLE DES DIVISIONS

DU

CATALOGUE

DES LIVRES

DE LA BIBLIOTHÈQUE

DU CONSEIL D'ÉTAT.

A PARIS,

DE L'IMPRIMERIE DE LA RÉPUBLIQUE.

An XI.

PRÉFACE.

On a adopté, pour l'impression de ce catalogue, le classement méthodique des ouvrages, qui présente beaucoup plus de difficultés, mais aussi beaucoup plus d'avantages que l'ordre alphabétique des auteurs. En effet, un catalogue rangé de cette dernière manière, avec quelque érudition et quelque exactitude qu'il soit composé, n'est autre chose qu'un dictionnaire; on le consulte quand on en a besoin, mais il est impossible d'en lire de suite plusieurs pages : au contraire, le classement systématique des ouvrages excite l'attention, parce qu'il donne le moyen de juger du progrès de nos connoissances, en plaçant sous les yeux, dans l'ordre chronologique, les meilleures productions sur chaque matière.

On s'est attaché au classement le plus généralement suivi, c'est-à-dire, au système bibliographique que la France a vu naître et perfec-

tionner dans son sein. Ce fut vers la fin du règne
de Louis XIV que le libraire Martin publia ce
système à-peu-près dans l'état où il est aujour-
d'hui. Il présentoit, pour ainsi dire, le tableau
des connoissances humaines à cette époque, et
sur-tout celui de la législation civile et religieuse
de la France. Des traits d'intolérance défigu-
roient ce dernier ; on a dû les faire disparoître
du même système revu et modifié sous le gou-
vernement régénérateur de la République.

Depuis plus d'un demi-siècle, les catalogues
de bibliothèques, rédigés avec soin, sont re-
gardés comme des ouvrages utiles ; mais ils sont
assez généralement dépourvus de renseignemens
capables d'augmenter leur utilité et le plaisir
avec lequel on les consulte. Ces renseignemens
consistent dans l'indication des écrivains anonymes ou pseudonymes, des traducteurs ou des
éditeurs ; ils éclaircissent l'histoire littéraire et en
sont une partie intéressante : on pourroit même
avancer qu'ils sont à la bibliographie ce que la
géographie et la chronologie sont à l'histoire.

(5)

Que l'on ouvre les dictionnaires historiques et littéraires composés depuis trente ans; on y trouvera des omissions considérables dans ce genre ; tel auteur même n'y a point eu de place, parce qu'il n'a publié que des ouvrages anonymes : cependant il existe de très - bons ouvrages dont les auteurs ne pouvoient ni ne devoient se faire connoître dans le temps où ils les publièrent.

Parmi les 10,051 articles dont notre catalogue est composé, on a indiqué au moins 3,200 noms d'auteurs anonymes ou pseudonymes, d'éditeurs ou de traducteurs. La plupart de ces renseignemens sont dus à une longue étude de l'histoire littéraire : mais nous avouons avec plaisir en avoir trouvé plusieurs dans les catalogues, toujours recherchés, des Martin, des Barrois, des Debure ; dans celui de la bibliothèque publique d'Orléans, publié en 1777 par les soins de dom Fabre ; dans le second volume de la France littéraire, publiée en 1769 par d'Hébrail ; dans la nouvelle édition de la Biblio-

thèque historique de la France ; dans la table des livres anonymes formant le dixième volume de la Bibliographie instructive, publié en 1782 par Née de la Rochelle ; enfin, dans le Catalogue de la bibliothèque de Lestevenon, publié en 1798, *in-8.°*, à la Haye, par le libraire Detune, qui passa une grande partie de sa vie à acquérir des renseignemens sur les écrivains anonymes et pseudonymes. Les articles de ce dernier catalogue s'élèvent à 4,673 ; le nombre des anonymes qui y sont découverts monte à plus de 1,450 : et il nous seroit possible d'en augmenter la liste de plus de soixante autres. Ainsi l'on y voit, comme dans notre catalogue, que les ouvrages qui ne portent pas de noms d'auteur, de traducteur ou d'éditeur, comparés avec ceux qui en portent, sont entre eux dans le rapport d'un à trois ; ce qui feroit croire que, dans toute bibliothèque composée d'ouvrages véritablement utiles, le tiers des articles est caché sous le voile de l'anonyme.

Si les libraires actuels de France ne montrent

plus le même zèle dans ce genre de travail , cela vient sans doute de ce que la connoissance des anonymes et pseudonymes, au moins pour ces derniers temps, n'est que traditionnelle : or il est de l'essence des traditions de ne pas se conserver avec fidélité, même dans la mémoire d'une seule personne, et sur-tout de ne pas se transmettre à d'autres avec l'exactitude convenable. Nous avons éprouvé nous-mêmes, dans la rédaction de ce catalogue, combien il est facile de donner un auteur pour un autre à un ouvrage qui ne porte point de nom. Nous indiquons, à la fin du second volume, les principales erreurs de ce genre qui nous sont échappées.

L'ouvrage le moins ancien qui soit parvenu à notre connoissance sur les écrivains anonymes et pseudonymes, est de Jean-Christophe Mylius, bibliothécaire de la bibliothèque publique de l'académie de Iena. Il a été publié en 1740 à Hambourg, *in-fol.* ou 2 vol. *in-8.º* Cet ouvrage comprend les écrivains latins, allemands et fran-

çois. Il auroit besoin d'être revu et continué jusqu'à nos jours. Le C.^en van Thol, conservateur du dépôt littéraire de Saint-Louis-la-Culture, s'occupe depuis plusieurs années, avec un zèle infatigable, de la composition d'un dictionnaire des ouvrages anonymes publiés en françois. Il est à souhaiter qu'il publie un jour ce dictionnaire, qui lui acquerra des droits à la reconnoissance des gens de lettres.

Quelques exemples choisis dans notre catalogue feront connoître l'utilité qui doit résulter pour l'histoire littéraire, des recherches sur les écrivains anonymes.

On vit sortir des belles presses de Paul Manuce, à Rome, en 1566, le Catéchisme du concile de Trente, ainsi intitulé : *Catechismus ex decreto concilii Tridentini, ad parochos ; Pii V pont. max. jussu editus.* Romæ, Paulus Manutius, 1566, in-fol.

Ce titre donne bien à entendre que l'ouvrage a été rédigé avec soin : mais quand on lit dans plusieurs auteurs dignes de foi que le fond

de ce catéchisme a d'abord été écrit par trois habiles théologiens, qu'ensuite il a été revu par deux cardinaux, et qu'enfin la rédaction en a été confiée à trois hommes de lettres distingués, ne trouve-t-on pas quelque plaisir à énoncer ces renseignemens de la manière suivante !

Catechismus ex decreto concilii Tridentini, ad parochos (conscriptus à Paulo MANUTIO, Cornelio AMALTHEO et Julio POGGIANO, post vigilias Leonardi DE MARINIS, archiepiscopi Lancianensis, Ægidii FOSCARARII, episcopi Mutinensis, et Francisci FORERI Lusitani, Dominicani, necnon recensionem cardinalium SIRLETI et ANTONIANI); Pii V pont. max. jussu *editus.* Romæ, P. Manutius, 1566, in-fol.

D'après ce développement, le Catéchisme du concile de Trente n'est plus seulement un ouvrage de théologie, c'est encore une production remarquable par la pureté du style *.

---

* *Voyez* le n.° 381 du présent catalogue. La célérité de l'impression n'a pas permis d'y développer ce titre avec la même étendue.

Il étoit d'autant plus difficile de donner ces renseignemens, que la Bibliothèque des anonymes de Mylius offre une singulière méprise au sujet de ce catéchisme. Il y est indiqué comme un ouvrage différent du Catéchisme romain ; les trois théologiens y sont nommés comme auteurs du Catéchisme du concile de Trente, tandis que le Catéchisme romain y est attribué aux trois hommes de lettres. On sait cependant que ces deux catéchismes sont un seul et même ouvrage, auquel on donne indifféremment l'un ou l'autre titre, comme le prouve la permission donnée à Jacques Kerver, libraire de Paris, au mois de mars 1567, par le nonce du pape, pour réimprimer et vendre ce catéchisme, nonobstant le privilége accordé par Pie V à Paul Manuce.

Nous citerons pour deuxième exemple un ouvrage moderne qui fut goûté lorsqu'il parut ; il est intitulé : *Recherches historiques et politiques sur les États-Unis de l'Amérique septentrionale.... par un citoyen de Virginie ; avec quatre lettres d'un*

bourgeois de New - Haven sur l'unité de la législation. Paris, Froullé, 1788, 4 vol. in-8.º Nous l'avons annoncé à-peu-près de la manière suivante sous le n.º 1141 de ce catalogue : *Recherches historiques et politiques sur les États-Unis de l'Amérique septentrionale. . . . . par un citoyen de Virginie [MAZZÉI]; avec quatre lettres d'un bourgeois de New-Haven [CONDORCET] sur l'unité de la législation (des réflexions rédigées en 1776 par TURGOT à l'occasion d'un mémoire de M. de Vergennes, sur la manière dont la France et l'Espagne devoient envisager les suites de la querelle entre la Grande-Bretagne et ses colonies, et d'autres réflexions touchant l'influence de la révolution de l'Amérique sur l'Europe, par un habitant obscur de l'ancien hémisphère [CONDORCET]).* Paris, Froullé, 1788, 4 vol. in-8.º

On pourroit encore citer quelques ouvrages devenus anonymes par des vues d'intérêt de la part des libraires, qui, ayant acquis des ouvrages imprimés par leurs confrères, les vendent avec de nouveaux titres où ils ont omis le nom de

l'auteur. Notre catalogue en offre un exemple assez singulier dans l'*Histoire de l'Amérique septentrionale par DE BACQUEVILLE DE LA POTHERIE*. Paris, Jean-Luc Nyon, 1722, 4 vol. in-12. Cet ouvrage fut annoncé l'année suivante à Amsterdam chez Desbordes, sous ce titre : *Voyage de l'Amérique, contenant ce qui s'est passé de plus remarquable dans l'Amérique septentrionale depuis 1534 jusqu'à présent.* Amsterdam, Desbordes, 1723, 4 vol. in-12. *Voyez* tom. II, n.º 6566.

Meusel, dans le tome III de sa Bibliothèque historique, publié à Léipsic en 1787, cite, page 298, l'*Histoire de l'Amérique septentrionale par DE BACQUEVILLE DE LA POTHERIE*; et page 299, le *Voyage de l'Amérique septentrionale*, Amst. 1723, 4 tom. in-8.º Il renvoie pour le dernier article à Stuck, auteur d'un Catalogue des descriptions de pays et de voyages anciennes et modernes ; puis il ajoute : *Prætereà nullibi quidquam de hoc libro reperire licet.* Si l'un ou l'autre de ces bibliographes eût comparé le

voyage avec l'*histoire*, il eût reconnu aisément que les deux ouvrages ne différoient que par le titre.

Des difficultés d'un autre genre se sont présentées pendant l'impression de ce catalogue. Les principales ont été occasionnées par le parti que l'on a pris de mettre en petites capitales les noms sous lesquels les auteurs sont le plus connus. Il a donc fallu imprimer de cette manière, tantôt de nom propre ou de baptême, tantôt le nom de famille ou le surnom, tantôt le nom de pays. Il n'y a pas d'uniformité parmi les biographes dans la manière de citer les hommes célèbres. Les ouvrages des auteurs les plus estimés dans ce genre fatiguent par la multiplicité des renvois. Il a semblé que la méthode adoptée diminueroit considérablement le nombre de ceux qu'il sera encore nécessaire de placer dans la table alphabétique et raisonnée des auteurs, qui formera le troisième et dernier volume de notre catalogue.

Nous eussions désiré pouvoir indiquer en

détail les ouvrages contenus dans les grandes collections, telles que le *Tractatus universi juris*; le *Thesaurus juris Romani*, par Éverard Otton; le *Novus Thesaurus juris civilis et canonici*, de Meerman père et fils; les *Recueils des historiens d'Italie, des Gaules et de la France, d'Allemagne et d'Angleterre*; les *Thesauri antiquitatum Græcarum, Romanarum et Italicarum, &c.* : mais deux motifs ont fait renoncer à cette idée, 1.º le retard que son exécution eût apporté à la publication du catalogue; 2.º l'existence de ces détails dans des ouvrages que possède la bibliothèque ou qu'il est facile de lui procurer. C'est ainsi que l'on a dans la Méthode pour étudier l'histoire, par Lenglet du Fresnoy, le détail des ouvrages insérés dans les recueils des historiens de l'Allemagne et de l'Angleterre; dans la Bibliothèque historique de Meusel, le détail des ouvrages contenus dans les treize volumes publiés jusqu'aujourd'hui de la collection des historiens des Gaules et de la France; dans la *Bibliotheca antiquaria* de Fabricius, celui des

opuscules compris dans les Trésors d'antiquités grecques et romaines : enfin, le dépouillement des trois grandes collections de droit a été fait par dom Fabre dans le nouveau catalogue de la bibliothèque publique d'Orléans. La préface de ce dernier catalogue contient deux particularités assez curieuses sur ce sujet.

Meerman le père avoit acquis, en passant par Orléans, le premier catalogue de la bibliothèque de cette ville, publié en 1721. Comme il se disposoit à faire imprimer son *Novus Thesaurus juris civilis et canonici*, il y trouva plusieurs livres rares qu'il avoit cherchés ailleurs inutilement. Il écrivit au bibliothécaire, qui, du consentement de MM. les conservateurs, les lui fit passer en Hollande, où ils lui servirent à enrichir son ouvrage.

Le savant Pothier fit copier, sur la fin de ses jours, pour son usage particulier, la table des auteurs du *Tractatus universi juris*, et les titres des ouvrages. Depuis ce temps-là, dit dom Fabre, il s'est servi très-souvent de ce grand recueil,

qu'une personne d'esprit appeloit un immeuble.

Jean-Michel Franckius, rédacteur du Catalogue de la bibliothèque du comte de Bünau, a rendu aux personnes studieuses, de plus grands services encore que ceux qui l'ont précédé et suivi dans la même carrière : il a décomposé les collections les plus petites comme les plus nombreuses, et en a indiqué les parties dans les subdivisions auxquelles elles appartiennent. Quelles recherches ce travail n'épargne-t-il pas aux personnes qui travaillent sur des matières ainsi développées ! On sait, par exemple, qu'il n'existe que des recueils incomplets des historiens des croisades. Le meilleur est celui de Jacques Bongars, intitulé : *Gesta Dei per Francos.* Hanoviæ, 1611 ; 2 vol. in-fol. Franckius indique trente auteurs au moins postérieurs à Bongars, ou publiés depuis l'impression de son recueil. En joignant à ces renseignemens la *Notice* faite par le C.ᵉⁿ Silvestre de Sacy *, *des manuscrits*

---

* *Voyez* le Magasin encyclopédique, rédigé par le C.ᵉⁿ MILLIN, *7.ᵉ année, tom. II, pag. 7-26 et 145-161.*

du

du savant dom. Berthereau, auteur d'excellens *Extraits des historiens orientaux des croisades*, n'a-t-on pas sous la main les moyens de continuer l'important recueil des historiens des Gaules et de la France, qui a été amené, pour ainsi dire, jusqu'à cette fameuse époque !

On n'éprouve qu'un regret en lisant les sept volumes qui existent du Catalogue de Bunau ; c'est qu'un ouvrage fait avec tant de soin n'ait pas été achevé. Tel est le sort de plusieurs catalogues conçus sur des plans trop vastes. On doit s'attacher aujourd'hui à marcher sur les traces des hommes estimables qui ont consacré leurs veilles à ce genre de travail, non en reproduisant ce qu'ils ont exécuté avec succès, mais en présentant, d'après les mêmes vues, des développemens qu'ils n'ont pas eu le temps de donner. Ainsi, outre les collections dont il vient d'être parlé, il existe dans toute grande bibliothèque, des recueils de pièces de différens formats, que l'on a coutume de faire relier suivant l'ordre chronologique plutôt que d'après celui des

B

(18)

matières. Ces recueils peuvent être rangés sur les tablettes à la suite des polygraphes ; mais est-il possible de se faire une idée juste de ce qu'ils contiennent, si l'on ne se donne pas la peine de prendre isolément les titres de chaque pièce, pour les placer dans le catalogue à la suite d'ouvrages du même genre, en renvoyant, pour trouver les volumes, à la place que ceux-ci occupent parmi les polygraphes ! On évite par-là le désagrément de forcer le lecteur à parcourir les tables d'une multitude de recueils lorsqu'il n'a besoin que d'une pièce. Cet inconvénient se fait sentir dans le Catalogue de la bibliothèque de l'archevêque de Reims, le Tellier, sorti des presses de l'Imprimerie royale en 1693 ; dans celui de la bibliothèque publique d'Orléans, de l'année 1777 ; et même dans le Catalogue raisonné de la bibliothèque de l'abbé Goujet *, qui réunit d'ailleurs tous les avantages

-----

* *Voyez* la notice de ce catalogue dans le Magasin encyclopédique, *8.ᵉ année, tom. V, pag. 182 et suiv.*

qu'on ne trouve qu'isolément dans ceux qui ont le plus de réputation.

La bibliothèque du Conseil d'état possède environ 200 volumes de recueils de pièces. Nous les avons dépouillés systématiquement et par renvois dans notre catalogue.

Il reste à donner quelques éclaircissemens sur les signes que l'on trouvera dans ce catalogue. La bibliographie, comme chaque art et chaque science, a sa langue particulière : semblable à l'algèbre, elle a composé la sienne des signes les plus simples, tels que crochets, parenthèses, abréviations, &c. En les employant, on est dispensé de détails qui paroîtroient fastidieux dans le langage ordinaire ; et leur présence dans l'énoncé d'un titre supplée tantôt à une omission, tantôt à un défaut de développement.

Dans le présent catalogue, on s'est servi des parenthèses ( ) pour désigner les auteurs anonymes, et des crochets [ ] pour faire connoître les écrivains pseudonymes, ainsi que les lieux d'impression également pseudonymes. On a

regardé comme pseudonymes les écrivains qui ne se sont fait connoître que par des qualifications vagues et souvent imaginaires, telles que celles-ci : *un habitant obscur de l'ancien hémisphère, le citoyen du monde, un auteur connu, &c.*

Les mêmes crochets ont été aussi employés pour les auteurs qui se sont contentés de mettre les lettres initiales de leurs noms sur le frontispice de leurs ouvrages. On sait assez qu'il est impossible de tout savoir dans ces différens genres ; mais nous n'avons rien négligé pour découvrir les noms que des motifs puissans n'ont pas ensevelis dans une trop profonde obscurité.

Nous avons cru devoir mettre à la suite de ces réflexions le tableau complet des divisions de la bibliothèque, afin de faire connoître, d'un seul coup-d'œil, celles qui contiendroient les ouvrages que l'on aura besoin de consulter.

Lorsque les détails que nous avions à donner, excédoient les développemens renfermés ordinairement entre des signes, nous les avons placés en forme de notes sous les articles qui les ont

occasionnés. Ces notes sont en petit nombre, parce que nous n'en avons fait que pour éclaircir quelques points de bibliographie peu connus jusqu'à ce jour.

TABLE
DES DIVISIONS.

TOME PREMIER.

THÉOLOGIE,

OU CULTES RELIGIEUX DE DIFFÉRENS PEUPLES.

INTRODUCTION. —Ouvrages relatifs à la liberté des consciences et des cultes......... *Page* 1.

I. THÉOLOGIE NATURELLE.......... 2.
Traités de la religion naturelle, de l'existence de Dieu.................... *Ibid.*

II. THÉOLOGIE RÉVÉLÉE........... 5.
   1.º Théologie juive et théologie chrétienne. Textes et versions de la Bible.................... *Ibid.*
   2.º Histoire et figures de la Bible..... 9.
   3.º Écrits et Évangiles apocryphes.... 10.
   4.º Interprètes, paraphrastes et commentateurs de la Bible.............. 11.
   5.º Harmonies, concordances et dictionnaires de la Bible................ 12.
   6.º Traités de philologie sacrée....... 13.

7.º Traités des rites judaïques et des choses mentionnées dans la Bible . . . *Page* 15.

8.º Traités de la vérité de la religion chrétienne . . . . 18.

9.º Ouvrages des Sociniens . . . . 20.

10.º Ouvrages des Calvinistes . . . . *Ibid.*

11.º Ouvrages pour et contre la religion chrétienne . . . . *Ibid.*

12.º Traités contenant des opinions particulières . . . . 22.

13.º Liturgies et recueils de prières de différentes églises . . . . 23.

14.º Conciles généraux et particuliers, décrétales, recueils de bulles . . . . . . *Ibid.*

15.º Collections ou extraits des Saints-Pères et des monumens ecclésiastiques . . . . 26.

16.º Ouvrages des Saints-Pères, grecs et latins . . . . 28.

17.º Théologiens scolastiques, moraux, mystiques . . . . 34.

18.º Catéchismes . . . . 36.

19.º Ouvrages sur l'éloquence de la chaire, et sermons . . . . 37.

20.º Traités sur l'Église catholique romaine, sur la hiérarchie ecclésiastique, &c. . . . . 38.

21.° Controverse élevée dans l'Église romaine, au sujet de la morale des Jésuites... *Page* 40.

22.° Traités singuliers des cérémonies ec- clésiastiques, des superstitions, &c.   41.

23.° Traités sur le ciel, l'enfer, &c. . .   42.

III. THÉOLOGIE DES CHINOIS, DES PERSES, DES GRECS, DES ROMAINS, DES GAU- LOIS, &c. . . . .   43.

IV. THÉOLOGIE DES MAHOMÉTANS . . . .   48.

JURISPRUDENCE.

I. DROIT PUBLIC UNIVERSEL . . . . *Page* 50.

INTRODUCTION. — Traités généraux sur les lois . . . . *Ibid.*

1.° Droit de la nature et des gens . . . . .   51.

2.° Mémoires, négociations et traités de paix . . . .   54.

3.° Droit de la guerre et de la paix. . . .   57.

4.° Droit maritime. . . . .   58.

II. DROIT CIVIL ANCIEN . . . .   59.

INTRODUCTION. — Traités généraux sur le droit civil . . . . *Ibid.*

1.° Droit des Grecs et des Romains. . . .   61.

2.° Corps du droit civil, commenta- teurs, &c. . . . .   62.

3.º Jurisconsultes généraux, et collections de traités sur le droit romain... *Page* 65.

III. DROIT ITALIEN OU ECCLÉSIASTIQUE... 66.

IV. DROIT FRANÇOIS... *Ibid.*

INTRODUCTION. — Traités généraux sur le droit françois... *Ibid.*

1.º Traités du droit public de France.. 68.

2.º Traités de la convocation des états-généraux et autres assemblées nationales... 70.

3.º Procès-verbaux des états-généraux et autres assemblées nationales... *Ibid.*

4.º Édits et ordonnances des rois de France... 73.

5.º Lois et constitutions décrétées par les assemblées nationales de France. 78.

6.º Commentateurs sur les ordonnances des rois de France... *Ibid.*

7.º Commentateurs sur les lois de la République françoise... 80.

8.º Arrêts des ci-devant parlemens et cours souveraines de France... *Ibid.*

9.º Coutumes des ci-devant provinces et villes de France... 83.

10.º Œuvres de jurisconsultes françois... 90.

11.º Traités particuliers de droit françois,

relatifs aux mariages, testamens, succes-
sions, &c............... *Page* 91.

12.° Styles et pratiques des différens tri-
bunaux de justice de France.... 95.

13.° Plaidoyers, factums, mémoires et ha-
rangues................. *Ibid.*

V. DROIT CRIMINEL............ 99.

VI. DROIT ÉTRANGER........... 100.

1.° Droit ancien des peuples modernes de
l'Europe................. *Ibid.*

2.° Constitutions de différens états de l'Europe................. 101.

3.° Droit public et jurispru-dence...
   de divers états de l'Italie.... *Ibid.*
   des royaumes d'Espagne et de Portugal........... *Ibid.*
   d'Allemagne........... 102.
   des Pays-Bas........... 104.
   d'Angleterre........... 105.
   des pays orientaux........ 107.
   des pays septentrionaux... *Ibid.*
   des États-Unis d'Amérique.. 108.

SCIENCES ET ARTS.

INTRODUCTION. — Traités généraux et prépara-
toires . . . . *Page* 110.

I. PHILOSOPHIE . . . . 112.

   1.º Histoire de la philosophie et des philo-
      sophes . . . . *Ibid.*

   2.º Philosophes anciens, avec leurs inter-
      prètes et sectateurs . . . . 115.

   3.º Philosophes modernes . . . . 120.

II. LOGIQUE et DIALECTIQUE . . . . 128.

III. ÉTHIQUE ou MORALE . . . . 130.

   1.º Moralistes anciens et modernes . . . . . *Ibid.*

   2.º Traités particuliers des vertus, des
      vices et des passions . . . . 136.

   3.º Mélanges de philosophie morale . . . . *Ibid.*

IV. ÉCONOMIE . . . . 141.

   1.º Traités généraux sur l'éducation . . . . *Ibid.*

   2.º Traités de l'éducation du peuple, des
      hommes et des femmes, des filles,
      des jeunes gens, des enfans, des
      sourds-muets, des aveugles . . . . 144.

   3.º Traités des devoirs de différens états
      de la société . . . . 146.

(28)

V. Politique.................. *Page* 147.

    1.º Traités généraux de politique..... *Ibid.*

    2.º Traités où sont découverts les fonde-
        mens de la société civile et les droits
        des peuples................. 151.

    3.º Traités sur les différentes espèces de
        gouvernemens................ 152.

    4.º Traités singuliers de politique sur les
        rois, sur leur éducation, sur les
        cours, les magistrats, ministres,
        ambassadeurs.............. 154.

    5.º Traités de politique dont les prin-
        cipes sont tirés du christianisme.. 159.

    6.º Traités politiques sur les religions.. 160.

    7.º Traités des droits de l'autorité souve-
        raine sur les religions.......... 161.

    8.º Traités de la politique et des intérêts
        des princes et puissances de l'Eu-
        rope...................... 162.

    9.º Mélanges de politique............ 163.

    10.º Républiques imaginaires.......... 167.

VI. Économie politique........... *Ibid.*

    1.º Traités généraux et mélanges d'éco-
        nomie politique............. *Ibid.*

    2.º Statistique de divers États de l'Eu-
        rope...................... 171.

    3.º Du commerce en général....... 173.

4.º Histoire ancienne et générale du commerce.......................... *Page* 174.

5.º Histoire et état du commerce en
France............................ 175.

6.º Histoire et état du commerce des
Pays-Bas, de la Hollande, de Danemarck, d'Espagne, d'Italie.... 176.

7.º Histoire et état du commerce d'Angleterre........................... 177.

8.º Commerce des grains............ 178.

9.º Dictionnaires d'économie politique,
de commerce; journaux........... 180.

10.º Finances....................... 181.

11.º Impôts......................... 184.

12.º Traités sur les poids, mesures et
monnoies des anciens et des modernes.......................... 187.

13.º Banques et papiers de crédit..... 189.

14.º Capitaux et taux de l'intérêt en politique........................... 190.

15.º Produit des manufactures. Luxe,
mendicité, hôpitaux, population.. 191.

16.º Pratique du commerce.......... 194.

17.º Colonies....................... 195.

VII. Métaphysique................ 197.

1.º Traités généraux de métaphysique.. *Ibid.*

(30)

2.º Traités particuliers de l'ame, de la raison, de l'esprit de l'homme, et de ses facultés. *P.*200.

3.º Traités particuliers des esprits et de leurs opérations . . . . 201.

4.º Traités de l'art cabalistique, des magiciens et des opérations magiques.. 202.

VIII. Physique. . . . . 204.

1.º Traités généraux de physique. . . . . . *Ibid.*

2.º Traités de l'univers, du ciel, &c. . . . . 206.

3.º Traités sur l'homme et sur les animaux. . . . . 207.

4.º Traités sur les élémens, le feu, les météores, la putréfaction . . . . 208.

5.º Traités sur l'air, le vide . . . . 209.

6.º Traités sur le mouvement et la mesure de la terre, les tremblemens, &c... 210.

7.º Traités sur l'électricité. . . . . 211.

8.º Découvertes microscopiques . . . . . . 212.

IX. Histoire naturelle. . . . . *Ibid.*

Introduction. — Traités généraux et préparatoires. . . . . *Ibid.*

1.º Histoire naturelle générale . . . . 213.

2.º Histoire naturelle de la terre, des montagnes et des volcans . . . . 214.

3.º Histoire naturelle particulière de différens pays . . . . 215.

(31)

4.º Règne minéral.................... *Page* 217.

    1. Traités sur les mines et leur exploitation............................... *Ibid.*

    2. Histoire minéralogique de différens
pays................................. *Ibid.*

    3. Histoire naturelle des métaux, cristaux et pierres précieuses............ 218.

    4. Histoire naturelle des eaux, fleuves,
fontaines et eaux minérales.......... 219.

5.º Règne végétal................... 220.

    1. Traités sur l'économie rustique,
l'agriculture et le jardinage........... *Ibid.*

    2. Botanistes généraux, anciens et modernes.............................. 225.

    3. Botanistes particuliers........... 228.

    4. Catalogues de plantes........... 229.

    5. Traités sur les arbres et arbustes.. 230.

6.º Règne animal.................... 231.

    1. Quadrupèdes................... *Ibid.*

    2. Oiseaux........................ 233.

    3. Reptiles et insectes............. *Ibid.*

    4. Poissons et coquillages.......... 234.

7.º Histoire naturelle des monstres, prodiges, &c........................... 235.

X. MÉDECINE....................... *Ibid.*

Introduction et Traités préparatoires à l'étude

de la médecine................. *Page* 235.

1.º Médecins anciens et modernes....... 236.

2.º Traités généraux de physiologie, concernant le corps humain........... 238.

3.º Traités particuliers concernant la vir-
ginité, la génération et la vieillesse.. 239.

4.º Traités sur le régime de vie et les ali-
mens...................... 240.

5.º Traités des maladies, et des remèdes
qui leur sont propres ; Traités sur
les morts subites ou apparentes... 242.

6.º Traités généraux sur les maladies épi-
démiques, la peste, &c............ 245.

7.º Mélanges de médecine............ 246.

8.º Médecine vétérinaire............. 247.

XI. Chirurgie.................... 248.

1.º Traités généraux et préparatoires à
l'étude de la chirurgie........... *Ibid.*

2º. Traités particuliers et mélanges de chirurgie...................... *Ibid.*

XII. Anatomie.................... 249.

Traités généraux et particuliers........ *Ibid.*

XIII. Pharmacie.................. 250.

Traités généraux et particuliers des médi-
camens..................... *Ibid.*

XIV.

(33)

XIV. Chimie.......................... *Page* 251.
Traités généraux et particuliers........ *Ibid.*

XV. Alchimie...................... 252.
Traités généraux et particuliers........ *Ibid.*

XVI. Mathématiques............. 254.

1.º Traités généraux et préparatoires à
l'étude des mathématiques..... *Ibid.*
2.º Mathématiciens anciens.......... 255.
3.º Mathématiciens modernes........ *Ibid.*
4.º Mélanges de mathématiques et de
physique..................... 257.
5.º Arithmétique................. 258.
6.º Algèbre...................... 259.
7.º Calcul différentiel et intégral..... 260.
8.º Géométrie................... 261.
9.º Trigonométrie, logarithmes....... 262.
10.º Géométrie pratique, planimétrie, sté-
réométrie................... 264.
11.º Traités sur le cercle, les sections co-
niques et autres courbes........ 265.
12.º Traités sur le calcul des probabilités.. 266.
13.º Mécanique................... *Ibid.*

XVII. Astronomie.................. 267.

1.º Histoires et Traités généraux d'astronomie...................... *Ibid.*

2.º Traités particuliers d'astronomie; cosmographie; usage de la sphère. *Page* 270.

3.º Traités particuliers des étoiles fixes et des planètes . . . . 271.

XVIII. Astrologie . . . . 274.

1.º Traités généraux et particuliers d'astrologie . . . . *Ibid.*

2.º Traités des nativités, des songes et de leurs interprétations . . . . 275.

3.º Centuries, prédictions astrologiques . . 276.

XIX. Perspective, Optique et Dioptrique . . . . *Ibid.*

XX. Hydrographie, ou Science de la Navigation, et Architecture navale . . . . 278.

XXI. Hydraulique, ou Science de conduire et élever les eaux . . . . 281.

XXII. Gnomonique, ou Science des cadrans . . . . 284.

XXIII. Musique . . . . 285.

XXIV. Mélanges sur différentes parties des sciences . . . . 288.

XXV. Traités de la construction des instrumens de mathématique . . 292.

ARTS.

INTRODUCTION à la théorie et à la pratique des arts ; vies des hommes célèbres dans les arts.......................... *Page* 293.

I. ART DE LA MÉMOIRE NATURELLE ET ARTIFICIELLE................. 296.

II. ARTS DE L'ÉCRITURE ET DE L'IMPRIMERIE......................... *Ibid.*

III. ARTS DU DESSIN, DE LA PEINTURE, DE LA GRAVURE ET DE LA SCULPTURE.......................... 297.

Recueils d'estampes................. 302.

IV. ART DE L'ARCHITECTURE....... 305.

   1.º Traités d'architecture civile....... *Ibid.*

   2.º Descriptions d'édifices anciens et modernes, de jardins, fontaines, ponts, &c................. 309.

   3.º Traités d'architecture militaire.... 311.

V. ART MILITAIRE.................. 314.

   1.º Traités généraux de l'art militaire chez les anciens............. *Ibid.*

   2.º Traités généraux de l'art militaire chez les modernes.......... 317.

   3.º Traités sur la tactique.......... 319.

4.º Traités sur l'artillerie....... *Page* 320.

5.º Descriptions de guerres, campagnes
    et campemens.................. 322.

6.º Traités sur la discipline militaire... 326.

7.º Mélanges sur l'art de la guerre ... 327.

VI. ART DE FAIRE DES ARMES......... 329.

VII. ART PYROTECHNIQUE............ *Ibid.*

VIII. ART DE MANIER ET DE TRAITER LES
    CHEVAUX................... *Ibid.*

IX. ART DE LA CHASSE............ 331.

X. TRAITÉS DES DANSES ET DES JEUX.. 332.

XI. ART GYMNASTIQUE ET NATATION.... 333.

XII. TRAITÉS DE DIVERS ARTS MÉCANI-
    QUES..................... 334.

BELLES-LETTRES.

INTRODUCTION générale à l'étude des belles-
lettres......................... *Page* 335.

I. LANGUES DIVERSES............. 337.

    1.º Traités généraux sur les langues... *Ibid.*

    2.º Grammaires et dictionnaires de diffé-
        rentes langues............. 340.

II. LANGUES ORIENTALES........... 341.

    1.º Grammaires et dictionnaires des
        langues hébraïque, chaldaïque et

syriaque.................... *Page* 341.

2.º Grammaires et dictionnaires des langues arabe, éthiopienne, persane et
turque............................. 345.

3.º Grammaires et dictionnaires des langues chinoise, japonoise, géor-
gienne, annamitique et caraïbe ... 346.

III. LANGUE GRECQUE.............. 347.

1.º Grammaires de la langue grecque... *Ibid.*

2.º Traités particuliers sur la langue
grecque.......................... 350.

3.º Dictionnaires de la langue grecque.. 351.

4.º Grammaires et dictionnaires de la
langue grecque vulgaire.......... 353.

IV. LANGUE LATINE.............. 354.

1.º Grammaires de la langue latine..... *Ibid.*

2.º Traités particuliers sur la langue latine. 357.

3.º Dictionnaires de la langue latine.... 358.

V. LANGUE ITALIENNE............. 361.

Grammaires et dictionnaires de la langue
italienne......................... *Ibid.*

VI. LANGUES ESPAGNOLE ET PORTU-
GAISE.......................... 362.

Grammaires et dictionnaires des langues
espagnole et portugaise.......... *Ibid.*

VII. LANGUE FRANÇOISE........ *Page* 363.

1.º Traités sur l'origine de la langue françoise............................. *Ibid.*

2.º Grammaires de la langue françoise.. *Ibid.*

3.º Traités particuliers sur la langue françoise........................... 365.

4.º Dictionnaires de la langue françoise.. 369.

5.º Grammaires et dictionnaires en patois
françois........................ 372.

VIII. LANGUE HOLLANDOISE........ 393.

Grammaires et dictionnaires de la langue
hollandoise...................... *Ibid.*

IX. LANGUE ALLEMANDE.......... *Ibid.*

Grammaires et dictionnaires de la langue
allemande....................... *Ibid.*

X. LANGUE ANGLOISE............ 374.

1.º Grammaires de la langue angloise.... *Ibid.*

2.º Traités particuliers sur la langue angloise.......................... 375.

3.º Dictionnaires de la langue angloise.. 376.

XI. LANGUE IRLANDOISE.......... 377.

Grammaire irlandoise.............. *Ibid.*

XII. RHÉTORIQUE, ou ART ORATOIRE... 377.

1.º Rhéteurs grecs................. *Ibid.*

2.º Rhéteurs latins anciens.......... 378.

3.º Rhéteurs modernes.............. 379.

XIII. ORATEURS.................. *Page* 381.

  1.º Orateurs grecs.................... *Ibid.*

  2.º Orateurs latins anciens............ 383.

  3.º Orateurs latins modernes.......... 390.

  4.º Orateurs françois, ou qui ont écrit en françois..................... 392.

    Collections de discours, d'éloges, d'oraisons funèbres et de panégyriques . . . . *Ibid.*

    Discours, éloges, oraisons funèbres et panégyriques, par ordre alphabétique.. 395.

XIV. POÉTIQUE................... 405.

  1.º Traités de l'art poétique en général.. *Ibid.*

  2.º Traités particuliers de différens genres de poésie..................... 407.

XV. POËTES.................... 408.

  1.º Poëtes orientaux................. *Ibid.*

  2.º Collections et extraits de poëtes grecs. *Ibid.*

  3.º Poëtes grecs.................... 410.

  4.º Collections et extraits de poëtes latins. 421.

  5.º Poëtes latins anciens............. 422.

  6.º Poëtes latins modernes............ 441.

  7.º Poëtes macaroniques............. 448.

  8.º Poëtes italiens................. 449.

  9.º Poëtes françois................. 454.

    Introduction à la poésie françoise, et

(40)

Recueils de poëtes françois . . . . . *Page* 454.

Poëtes françois par ordre chronolo-
gique . . . . 458.

Poëtes françois épiques et didactiques . . 465.

Poëtes dramatiques françois . . . . 468.

Poésies françoises en patois bourgui-
gnon et languedocien . . . . 486.

10.º Poésie et littérature espagnoles . . . . . 487.

11.º Poésie et littérature portugaises . . . . *Ibid.*

12.º Poésie et littérature allemandes . . . . *Ibid.*

13.º Poëtes anglois . . . . 489.

14.º Littérature orientale . . . . 493.

15.º Poésie et littérature russes . . . . *Ibid.*

XVI. Auteurs de Fables et d'Apo-
logues . . . . 494.

XVII. Romans . . . . 498.

1.º Traités sur les romans . . . . *Ibid.*

2.º Collections et extraits de romans . . . *Ibid.*

3.º Romans grecs . . . . 499.

4.º Romans latins . . . . 501.

5.º Romans françois . . . . 502.

Romans de chevalerie . . . . *Ibid.*

Aventures amoureuses sous des noms
empruntés de la fable et de l'histoire . . . . 503.

Aventures singulières sous diverses dé-
nominations, par ordre alphabétique . . . 507.

(41)

Nouvelles et contes. . . . . *Page* 509.

    Contes moraux. . . . . 510.

    Contes des fées et autres contes mer-
veilleux. . . . . *Ibid.*

    Romans philosophiques et moraux, la
plupart en forme de lettres. . . . . 512.

6.° Romans politiques en différentes
    langues, ou traduits de différentes
    langues. 514.

7.° Romans espagnols, nouvelles, &c. . . 516.

8.° Romans italiens, nouvelles, &c. . . . 517.

9.° Romans allemands. . . . . 518.

10.° Romans anglois. . . . . 519.

XVIII. FACÉTIES, PIÈCES BURLESQUES. . 522.

XIX. PHILOLOGIE, et CRITIQUES, INTER-
PRÉTATIONS, ÉCLAIRCISSEMENS SUR
LES AUTEURS. . . . . 526.

1.° Traités de la critique. . . . . *Ibid.*

2.° Critiques anciens et modernes. . . . *Ibid.*

3.° Satires, défenses, apologies. . . . . . 534.

4.° Gnomiques, sentences, apophtheg-
    mes, adages, proverbes, bons-
    mots, ana, esprits, &c. . . . . 540.

5.° Hiéroglyphes, symboles, emblèmes
    et devises. . . . . 547.

XX. POLYGRAPHES, ou AUTEURS QUI ONT

ÉCRIT SUR DIFFÉRENS SUJETS. *Page* 551.

1.º Polygraphes qui ont écrit en grec . . *Ibid.*

2.º Polygraphes qui ont écrit en latin . . *Ibid.*

3.º Polygraphes qui ont écrit en italien.. 555.

4.º Polygraphes qui ont écrit en françois. 556.

5.º Polygraphes qui ont écrit en alle-
mand. . . . . 565.

6.º Polygraphes qui ont écrit en anglois.. *Ibid.*

XXI. DIALOGUES et ENTRETIENS SUR DIF-
FÉRENS SUJETS . . . . 567.

XXII. ÉPISTOLAIRES . . . . 569.

1.º Traités du style épistolaire. . . . . . . *Ibid.*

2.º Lettres des auteurs grecs . . . . *Ibid.*

3.º Lettres des auteurs latins anciens et
modernes . . . . 570.

4.º Lettres écrites en françois . . . . 574.

5.º Lettres écrites en italien, ou traduites
de l'italien . . . . 578.

6.º Lettres écrites en allemand, ou traduites de l'allemand . . . . 579.

7.º Lettres écrites en anglois, ou traduites de l'anglois . . . . *Ibid.*

TOME SECOND.

HISTOIRE.

INTRODUCTION GÉNÉRALE. —Traités sur la manière de composer et d'étudier l'histoire. *Page* 1.

I. GÉOGRAPHIE.................................. 3.
   1.º Géographie ancienne................ *Ibid.*
   2.º Géographie moderne................ 6.
      Collection des petites Républiques dites
      des Elzeviers, par ordre alphabétique.... 8.
   3.º Tables et cartes géographiques....... 12.
   4.º Dictionnaires géographiques......... 15.

II. VOYAGES................................. 16.
   1.º Traités préparatoires à l'étude des
      voyages........................... *Ibid.*
   2.º Collections générales de voyages... 17.
   3.º Voyages autour du monde........... 20.
   4.º Voyages en différentes parties du
      monde............................ 21.
   5.º Voyages en Europe................ 24.
   6.º Voyages au Levant, en Turquie, en
      Grèce............................ 28.
   7.º Voyages en Asie, Afrique et Amé-
      rique............................ 30.

8.º Voyages en Asie . . . . *Page* 30.

9.º Voyages en Afrique . . . . 33.

    Voyages en Égypte et en Nubie . . . . 34.

10.º Voyages en Amérique . . . . 35.

11.º Voyages pittoresques et descriptions de lieux . . . . 36.

12.º Voyages imaginaires et amusans . . . 39.

III. CHRONOLOGIE . . . . 40.

    1.º Chronologie technique, ou Traités dogmatiques du temps et de ses parties . . . . *Ibid.*

    2.º Chronologie historique, ou l'Histoire réduite et disposée par tables et par années . . . . 43.

IV. HISTOIRE UNIVERSELLE ANCIÉNNE . . 45.

V. HISTOIRE UNIVERSELLE MODERNE . . . 50.

    Journaux historiques et gazettes . . . 55.

VI. HISTOIRE RELIGIEUSE . . . . 58.

    1.º Histoire de diverses religions . . . . . *Ibid.*

    2.º Histoire du peuple Juif . . . . *Ibid.*

    3.º Histoire de l'Église chrétienne . . . . 61.

    4.º Mélanges sur l'histoire de l'Église chrétienne . . . . 64.

    5.º Histoire des conciles généraux et par-ticuliers . . . . 65.

    6.º Histoire des papes et des cardinaux . . 67.

(45)

7.º Martyrologes et vies des Saints.. *Page* 71.

8.º Histoire générale des ordres religieux

séculiers et réguliers.. . . . . 73.

    Histoire de l'ordre de Saint-Benoît... 74.

    Histoire de l'ordre de Saint François.. *Ibid.*

    Histoire de l'ordre des Jésuites.. . . . 75.

    Histoire de la congrégation des Filles

de l'Enfance . . . . 79.

    Histoire des ordres militaires et de che-

valerie.. . . . . *Ibid.*

9.º Histoire dite des hérésies . . . . 80.

10.º Histoire des inquisitions.. . . . . . . 85.

VII. Histoire ancienne des Égyptiens,

des Assyriens, des Mèdes, des

Perses et des Macédoniens.. . . 86.

VIII. Histoire grecque.. . . . . 87.

1.º Écrivains anciens de l'hist. grecque.. *Ibid.*

2.º Écrivains modernes de l'hist. grecque.. 91.

3.º Histoire des républiques de la Grèce

et des colonies anciennes . . . . . . 92.

4.º Mélanges sur l'histoire grecque. . . . 93.

IX. Histoire romaine. . . . . 94.

1.º Collections d'historiens romains . . . *Ibid.*

2.º Écrivains généraux et anciens de

l'histoire romaine . . . . 96.

3.º Écrivains généraux et modernes de l'histoire romaine...............*Page* 99.

4.º Écrivains anciens et modernes de l'histoire romaine sous les rois et sous la république, jusqu'à la mort d'Auguste.................... 100.

5.º Écrivains anciens de l'histoire des empereurs.................... 104.

6.º Écrivains modernes de l'histoire des empereurs.................... 108.

7.º Mélanges sur l'histoire romaine.... 110.

X. HISTOIRE BYZANTINE, OU DU BAS-EMPIRE................... 111.

XI. HISTOIRE D'ITALIE............ 117.

1.º Histoire générale d'Italie......... *Ibid.*

2.º Histoire de Gênes, de Lucques et de Parme.................... 121.

3.º Histoire de Milan............... *Ibid.*

4.º Histoire de Venise............... 122.

5.º Histoire de Toscane............. 126.

6.º Histoire de l'État ecclésiastique.... 127.

7.º Histoire de Naples.............. 128.

8.º Histoire de Sicile et de Sardaigne.. 129.

9.º Histoire de l'île de Corse......... 131.

10.º Histoire de Savoie et de Piémont... *Ibid.*

XII. HISTOIRE DE FRANCE.... *Page* 132.

1.º Géographie de la France......... *Ibid.*

2.º Recueils des historiens et histoires générales de France........... 134.

3.º Histoire des anciens Gaulois et de l'établissement des Francs...... 139.

4.º Histoire politique de France....... 141.

Diplomes, chartres et titres concernant l'histoire de France................ 142.

5.º Histoire militaire de France....... 143.

6.º Histoire ecclésiastique de France.... *Ibid.*

7.º Mélanges sur l'histoire de France.. 144.

8.º Histoire des rois de France......... 146.

Histoire des rois de France de la première et de la seconde race............ *Ibid.*

Histoire des rois de France de la troisième race, ou des Capétiens, depuis 987 jusqu'en 1328................ 147.

Histoire des règnes de la première branche des Valois, depuis Philippe VI ou de Valois en 1328, jusqu'à Charles VIII en 1498..................... 149.

Histoire des règnes de la seconde branche des Valois; règnes de Louis XII et de François I.ᵉʳ, depuis 1498 jusqu'en 1547...................... 151.

Histoire des règnes de Henri II et de

(48)

François II, depuis 1547 jusqu'au 5 décembre 1560 . . . . *Page* 152.

Histoire des règnes de Charles IX et de Henri III, 1560-1589 . . . . 154.

Histoire du règne de Henri IV, 1589-1610 . . . . 157.

Histoire du règne de Louis XIII, 1610-1643 . . . . 161.

Histoire du règne de Louis XIV, 1643-1715 . . . . 168.

Histoire du règne de Louis XV, 1715-1774 . . . . 177.

Histoire du règne de Louis XVI, 1774-1793 . . . . 181.

9.º Histoire des assemblées nationales jusqu'au 1.er vendémiaire an 4 . . 182.

10.º Constitution de l'an 3 . . . . 184.

11.º Constitution de l'an 8 . . . . 185.

Consulat de Bonaparte . . . . *Ibid.*

12.º Cérémonial de France . . . . *Ibid.*

13.º Traités des offices de France . . . . . . 186.

14.º Histoire des anciennes provinces et villes de France . . . . 187.

Paris et île de France . . . . *Ibid.*

Picardie, Artois, Flandre françoise, Hainaut . . . . 191.

Normandie, Bretagne, Poitou et Aunis.

Aunis. . . . . *Page* 192.
Orléanois, Anjou, Maine et Berry. . 193.
Bourgogne, Lyonnois et Auvergne.. 194.
Guyenne et Gascogne. . . . . 196.
Languedoc. . . . . 197.
Provence, Dauphiné et Avignon. . . 198.
Lorraine et Alsace. . . . . 200.

XIII. HISTOIRE DE SUISSE. . . . . *Ibid.*

XIV. HISTOIRE DE GENÈVE. . . . . 201.

XV. HISTOIRE DES PAYS-BAS. . . . . . . 202.
1.º Histoire générale des Pays-Bas. . . . *Ibid.*
2.º Histoire particulière des provinces et
villes des Pays-Bas. . . . . 204.
Brabant, Anvers et Malines. . . . . *Ibid.*
Flandre, Hainaut autrichien, Luxem-
bourg. . . . . 205.
République de Hollande, ses villes et
provinces. 206.

XVI. HISTOIRE D'ALLEMAGNE. . . . . . 212.
1.º Histoire générale d'Allemagne. . . . . *Ibid.*
2.º Histoire des empereurs d'Allemagne. 217.
3.º Histoire particulière des cercles et
villes d'Allemagne. . . . . 220.
Autriche. . . . . *Ibid.*
Suabe et Franconie. . . . . *Ibid.*

(50)

       Haut et Bas Rhin......... *Page* 221.

       Westphalie, Haute et Basse Saxe... *Ibid.*

       Bavière.................... 222.

       Silésie, avec les royaumes de Bohème

       et de Hongrie.................. *Ibid.*

XVII. HISTOIRE D'ESPAGNE......... 224.

    1.º Histoire générale d'Espagne....... *Ibid.*

    2.º Histoire des rois d'Espagne........ 226.

    3.º Histoire des provinces d'Espagne... 229.

XVIII. HISTOIRE DE PORTUGAL.... 230.

XIX. HISTOIRE D'ANGLETERRE.... 231.

    1.º Descriptions géographiq. et voyages

       d'Angleterre................ *Ibid.*

    2.º Collections d'historiens et histoires

       générales d'Angleterre......... 232.

    3.º Histoire politique d'Angleterre.... 237.

    4.º Histoire navale d'Angleterre....... 238.

    5.º Histoire des rois d'Angleterre jusqu'à

       Charles I.er.................. *Ibid.*

    6.º Histoire de Charles I.er et de la

       république d'Angleterre........ 241.

    7.º Hist. de Charles II, Jacques II, Guil-

       laume et Marie, Anne, George I.er,

       George II et George III......... 245.

    8.º Histoire d'Écosse et d'Irlande..... 251.

    9.º Histoire ecclésiastique d'Angleterre.. 254.

(51)

10.º Mélanges sur l'hist. d'Angleterre. *Pag.* 254.

XX. Histoire du Nord en général . . 257.

XXI. Histoire de Suède . . . . . . 259.

XXII. Histoire de Danemarck . . . 262.

XXIII. Histoire de Prusse et de Pologne . . . . 263.

XXIV. Histoire de Moscovie et de Russie . . . . 266.

XXV. Histoire des Arabes, des Sarrasins, des Turcs, de la Morée et des îles de l'Archipel. 268.

XXVI. Histoire d'Asie . . . . 271.

   1.º Histoire de Perse . . . . 272.

   2.º Histoire de la Palestine . . . . . . *Ibid.*

   3.º Histoire des Indes orientales . . . . 273.

   4.º Histoire de Siam et du Japon . . . . 275.

   5.º Histoire de la Tartarie et de la Chine. *Ibid.*

XXVII. Histoire d'Afrique . . . . . 277.

   1.º Histoire générale d'Afrique . . . . . *Ibid.*

   2.º Histoire d'Égypte, de Barbarie et d'Éthiopie . . . . *Ibid.*

XXVIII. Histoire d'Amérique . . . 278.

   1.º Histoire de l'Amérique en général . . *Ibid.*

   2.º Amérique méridionale; Pérou, Brésil. 280.

   3.º Amérique septentrionale; Mexique . . *Ibid.*

4.° Amérique angloise ; États-Unis d'Amérique........................ *Page* 281.

5.° Iles de l'Amérique septentrionale... 284.

XXIX. Histoire de la mer du Sud.. 285.

XXX. Histoire héraldique et généalogique........................ *Ibid.*

1.° Traités sur la ci-devant noblesse. . *Ibid.*

2.° Histoire généalogique des familles.. 287.

XXXI. Antiquités............... 291.

1.° Collections d'antiquités ; Cabinets d'antiquaires................ *Ibid.*

2.° Traités des sciences, des arts et des usages des anciens............ 293.

3.° Traités des fêtes et spectacles des anciens.................... 297.

4.° Rites et usages particuliers des Égyptiens et des Grecs............ *Ibid.*

5.° Rites et usages des Romains...... 298.

6.° Rites et usages des Chrétiens..... 302.

7.° Histoire lapidaire et des inscriptions.. *Ibid.*

8.° Histoire métallique, ou médailles, monnoies................. 305.

9.° Collections de médailles........ 306.

10.° Traités singuliers des médailles macédoniennes et romaines........ 312.

11.° Médailles des monarchies modernes.. 313.

(53)

12.º Descript. d'anciens monumens.. *Page* 314.

13.º Diverses antiquités, pierres gravées,

cachets.. . . .. 317.

14.º Histoire des solennités et des pompes.. 318.

XXXII. HISTOIRE LITTÉRAIRE, ACADÉ-

MIQUE ET BIBLIOGRAPHIQUE . . 320.

1.º Histoire des lettres et des langues . . . *Ibid.*

2.º Histoire de l'imprimerie.. . . . . 323.

3.º Histoire des universités, académies et

sociétés de gens de lettres . . . . . . 324.

4.º Traités sur les bibliothèques . . . . . 330.

5.º Bibliographes généraux . . . . 331.

6.º Bibliographes nationaux . . . . 336.

7.º Traités sur les écrivains anonymes,

pseudonymes et homonymes. . . . 342.

8.º Bibliographes professionaux, c'est-à-

dire, de théologie, de jurispru-

dence, de sciences et arts, de belles-

lettres et d'histoire . . . . 343.

9.º Bibliographes périodiques, ou jour-

naux littéraires . . . . 350.

Histoire des journaux littéraires. . . . *Ibid.*

Journaux littér. imprimés en France,

ou qui traitent d'ouvrages françois. . . . *Ibid.*

Journaux littéraires imprimés en Hol-

lande , ou concernant la Hollande. . . 352.

Journaux littéraires imprimés en différens états
de l'Europe, ou qui les concernent. *Page* 354.

10.º Catalogues de différentes bibliothèques . . . . 355.

Catalogues et notices d'ouvrages ma-
nuscrits . . . . *Ibid.*

Catalogues d'ouvrages imprimés. . . . . 358.

XXXIII. VIES DES HOMMES ILLUSTRES. . 366.

1.º Recueils de vies des hommes illustres. . *Ibid.*

2.º Vies des femmes illustres . . . . 375.

3.º Vies particulières des hommes il-
lustres. . . . . *Ibid.*

4.º Traités sur les bonnes qualités, les
défauts et les malheurs des savans. . 382.

5.º Dictionnaires et extraits historiques. . 383.

www.ingramcontent.com/pod-product-compliance
Ingram Content Group UK Ltd.
Pitfield, Milton Keynes, MK11 3LW, UK
UKHW021001120726
13693UKWH00004B/1751